धूप और धुआँ

धूप और धुआँ

रामधारी सिंह 'दिनकर'

लोकभारती प्रकाशन

लोकभारती प्रकाशन
पहली मंजिल, दरबारी बिल्डिंग, महात्मा गांधी मार्ग
प्रयागराज-211 001

वेबसाइट : www.lokbhartiprakashan.com
ईमेल : info@lokbhartiprakashan.com

शाखाएँ : 1-बी, नेताजी सुभाष मार्ग, दरियागंज
नई दिल्ली-110 002
अशोक राजपथ, साइंस कॉलेज के सामने
पटना-800 006
1, अनमोल सोराबजी संतुक लेन, धोबी तलाव,
मरीन लाइंस, मुम्बई-400 002

पहला संस्करण : 1951
पहला (लोकभारती) संस्करण : 2019
तीसरा संस्करण : 2024

मुद्रक :यश प्रिंटोग्राफिक्स
नोएडा-201 301 (उत्तर प्रदेश)

DHOOP AUR DHUAN
Poems by Ramdhari Singh 'Dinkar'

ISBN : 978-93-89243-03-1

मूल्य : ₹395

प्राक्कथन

पूज्य राष्ट्रकवि रामधारी सिंह 'दिनकर' को गुजरे छियालीस वर्ष हो गए। अब उनकी 110वीं जयन्ती का वर्ष बीत रहा है।

यूँ तो महाकवि दिनकर जी को राष्ट्रकवि कहा गया है पर महीयसी महादेवी वर्मा ने कहा था कि वे विश्वकवि हैं, क्योंकि उनकी कविताओं में मात्र राष्ट्रीयता की वाणी और उसकी स्वायत्तता का गौरवगान और संघर्ष नहीं है वरन् प्रेम का एक व्यापक क्षितिज है जो उन्हें विश्वकवि की श्रेणी में ले आता है। वस्तुतः दिनकर जी एक ही साथ विश्वकवि, महाकवि, राष्ट्रकवि और जनकवि–सभी हैं। उनकी विभिन्न कविताओं में भिन्न-भिन्न तौर पर उनके काव्य-व्यक्तित्व का वैशिष्ट्य प्रकट होता है।

दिनकर जी आज भी पाठकों के सर्वाधिक प्रिय कवि हैं और प्रासंगिक भी। उनकी कविताओं में आग है, राग है और अध्यात्म है। उनकी कविताओं का अवगाहन कर प्रतीत होता है कि वे अपने समकालीन कवियों से अलग तरीके से पाठकों के समक्ष प्रकट होते हैं।

दिनकर जी ने कहा था कि सच्चा कवि हमेशा जीवित रहता है–उसके प्रति राग और द्वेष के कारण उसके सामने उसका सही मूल्यांकन नहीं हो पाता। किसी कवि का सही मूल्यांकन उसके निधन के पचास वर्ष बाद होता है। और हम देख रहे हैं, जैसे-जैसे समय गुजरता जा रहा है, दिनकर जी की कविताओं की लोकप्रियता बढ़ती जा रही है।

पूर्व में दिनकर जी की सभी किताबें लोकभारती प्रकाशन से कुछ नवीन स्वरूप और अलग नाम देकर प्रकाशित हुई थीं। अब सभी पुस्तकें अपने पुराने नाम और प्रारूप में प्रकाशित हो रही हैं। आशा है, इससे दिनकर-प्रेमी हिन्दी साहित्य जगत् सन्तुष्ट होगा।

–अरविन्द कुमार सिंह

दिनकर भवन
आर्य कुमार रोड
पटना-800004

दो शब्द

'धूप और धुआँ' में मेरी 1947 ई. से इधर वाली कुछ ऐसी स्फुट रचनाएँ संगृहीत हैं, जो प्रायः समकालीन अवस्थाओं के विरुद्ध मेरी भावात्मक प्रतिक्रिया के रूप में प्रकट हुई हैं। स्वराज्य से फूटनेवाली आशा की धूप और उसके विरुद्ध जन्मे हुए असन्तोष का धुआँ–ये दोनों ही इन रचनाओं में यथास्थान प्रतिबिम्बित मिलेंगे। अतएव, जिनकी आँखें धूप और धुआँ, दोनों को देख रही हैं, उनके लिए यह नाम कुछ निरर्थक नहीं होगा।

चाहिए तो यह था कि कविताएँ रचना के कालक्रम के अनुसार ही सजाई जातीं, मगर यह नहीं करके मैंने कई ऐसी कविताओं को आरम्भ में ही रख दिया है,

जिनकी रचना हाल में हुई है। यह इसलिए कि मैं देखता हूँ कि इधर मेरे लिखने की तर्ज कुछ बदली हुई है और यह नई तर्ज मेरी वर्तमान मनोदशा के मुआफिक भी आ रही है। यह प्रयोग है या प्रगति, मैं नहीं बता सकता। निश्चयपूर्वक इतना ही कह सकता हूँ कि आजकल इ़सी लहजे में बोलने में कुछ सन्तोष का अनुभव करता हूँ।

—दिनकर

मुजफ्फरपुर
जन्माष्टमी
1951

क्या गाऊँ रसगीत अमृत-वीरुध का, वियत्कमल का?
सुमुखि! मैं न मधुमुख रसतायक गायक विधुमंडल का।
मैं विदग्ध जीवन का स्वर उतराता हुआ पवन में,
तृषित भूमि का नाद गूँजता हुआ अखंड गगन में।

हृदयवेदि अभिषिक्त नहीं सौरभ से हरिचन्दन के,
भरते हैं मधुकोष प्राण का पाटल मृत्यु-भुवन के।
करस्पर्श से दूर रही बहती स्वर्णदी निराली,
हुई सत्य मुझको गंगा मिट्टी पर बहने वाली।

तेरा वास गगनमंडल पर, मेरा वास भुवन में,
तू विरक्त, मैं निरत विश्व में, तू तटस्थ, मैं रण में।
तेरी-मेरी निभे कहाँ तक ओ आकाश-प्रवासी?
मैं गृहस्थ सबका दुख-भोगी, तू अलिप्त संन्यासी।

अनुक्रम

धूप और धुआँ

नई आवाज

कभी की जा चुकीं नीचे यहाँ की वेदनाएँ,
नये स्वर के लिए तू क्या गगन को छानता है?

[1]

बताएँ भेद क्या तारे? उन्हें कुछ ज्ञात भी हो,
कहे क्या चाँद? उसके पास कोई बात भी हो।
निशानी तो घटा पर है, मगर, किसके चरण की?
यहाँ पर भी नहीं यह राज़ कोई जानता है।

[2]

सनातन है, अचल है, स्वर्ग चलता ही नहीं है;
तृषा की आग में पड़कर पिघलता ही नहीं है।
मजे मालूम ही जिसको नहीं बेताबियों के,
नई आवाज की दुनिया उसे क्यों मानता है?

[3]

धुओं का देश है नादान! यह छलना बड़ी है,
नई अनुभूतियों की खान वह नीचे पड़ी है।
मुसीबत से बिंधी जो जिन्दगी, रौशन हुई वह,
किरण को ढूँढ़ता लेकिन, नहीं पहचानता है।

[4]

गगन में तो नहीं बाकी, जरा कुछ है अनल में,
नये स्वर का भरा है कोष पर, अब तक अतल में।
कढ़ेगी तोड़कर कारा अभी धारा सुधा की,
शरासन को श्रवण तक तू नहीं क्यों तानता है?

[5]

नया स्वर खोजनेवाले! तलातल तोड़ता जा,
कदम जिस पर पड़ें तेरे, सतह वह छोड़ता जा;

नई झंकार की दुनिया खतम होती कहाँ पर?
वही कुछ जानता, सीमा नहीं जो मानता है।

[6]

वहाँ क्या है कि फव्वारे जहाँ से छूटते हैं,
जरा-सी नम हुई मिट्टी कि अंकुर फूटते हैं?
बरसता जो गगन से वह जमा होता मही में,
उतरने को अतल में क्यों नहीं हठ ठानता है?

[7]

हृदय-जल में सिमट कर डूब, इसकी थाह तो ले,
रसों के ताल में नीचे उतर अवगाह तो ले।
सरोवर छोड़ कर तू बूँद पीने की खुशी में,
गगन के फूल पर शायक वृथा संधानता है।

स्वर्ग के दीपक

[उनके लिए, जो हमारी कतार में आने से इनकार करते हैं।]

कहता हूँ, मौसिम फिरा, सितारो! होश करो,
कतरा कर टेढ़ी चाल भला अब क्या चलना?
माना, दीपक हो बड़े दिव्य, ऊँचे कुल के,
लेकिन, मस्ती में अकड़-अकड़ कर क्या जलना?

सब हैं परेड में खड़े, जरा तुम भी तनकर,
सिलसिला बाँध हो जाओ खड़े कतारों में;
कैसे लगता है भला तुम्हें गुम्फित रहना
इस तरह, तिमिर के टेढ़े-मेढ़े तारों में?

आगाही सुनते नहीं, सितारे हँसते हैं,
कहते हैं, कवि की कथा निराली होती है;
देखती कला विधि के विधान में भी त्रुटियाँ;
कल्पना, सत्य ही, खाम-ख़याली होती है।

मिट्टीवाले बँधकर कतार में चला करें,
हमको क्या? हम तो अमरलोक के वासी हैं;
अम्बर पर कब मरनेवालों की रीति चली?
सुरपति होकर भी इन्द्र प्रसिद्ध विलासी हैं।

अच्छा, तब प्यारे! और चार दिन मौज करो,
भूडोल नहीं नीचे मिट्टी पर दम लेगा;
लीलेगा सारा व्योम और पूर्णाहुति में,
वह नहीं स्वर्ग से कभी ग्रास कुछ कम लेगा।

मैं देख रहा हूँ साफ, कौंधती है बिजली
अँधियाली में भावी की घोर घटाओं पर;
औ' मृत्ति वज्र बनकर अमोघ-सी टूट रही
नीचे से उड़ ऊपर की बड़ी अटाओं पर।

मत हँसो कि मन में छिपी हमारी आँखों पर
जादू-टोने का धुआँ न छाया करता है;
देखता नियन्ता जो कुछ भी जग से छिपकर,
सबसे पहले वह हमें दिखाया करता है।

मैं देख रहा हूँ, शैल उलटकर गिरते हैं,
सागर का जल ऊपर को भागा जाता है;
है नाच रहा घिरनी होकर अम्बर सारा,
नक्षत्रपुंज पत्तों-सा चक्कर खाता है।

क्या तुम सँभाल लोगे इस व्योम-विवर्तन को?
जादू-टोने से हवा न बाँधी जाएगी;
लाकर कतार के भीतर तुम्हें खड़ा करने
रूई के पुतलो! निश्चय, आँधी आएगी।

[1951]

शबनम की जंजीर

रचना तो पूरी हुई, जान भी है इसमें?
पूछूँ जो कोई बात, मूर्ति बतलाएगी?
लग जाय आग यदि किसी रोज देवालय में,
चौंकेगी या यह खड़ी-खड़ी जल जाएगी?

ढाँचे में तो सब ठीक-ठीक उतरा, लेकिन,
बेजान बुतों के कारीगर, कुछ होश करो;
जब तक पत्थर के भीतर साँस नहीं चलती,
सौगन्ध इसी की तुम्हें, न तुम सन्तोष करो।

भर सको अगर तो प्रतिमा में चेतना भरो,
यदि नहीं, निमन्त्रण दो जीवन के दानी को;
विभ्राट, महाबल जहाँ थके-से दीखे रहे,
आगे आने दो वहाँ क्षीणबल प्राणी को।

तैरता हवा में जो, वह क्या भारी होगा?
सपनों के तो सारथी क्षीणबल होते हैं;
संसार पुष्प से अपने को भूषित करता,
ये गन्धभार अपनी आत्मा में ढोते हैं।

सपनों का वह सारथी, यान जिसका कोमल
आँखों से ओझल हृदय-हृदय में चलता है;
जिसके छूते ही मन की पलक उधर जाती,
विश्वास भ्रान्ति को भेद दीप-सा बलता है।

सपनों का वह सारथी, रात की छाया में
आते जिसकी श्रुति में संवाद सितारों से;
सरिताएँ जिससे अपना हाल कहा करतीं,
बातें करता जो फूलों और पहाड़ों से।

पपड़ियाँ तोड़ फूटते जिन्दगी के सोते,
रथ के चक्के की लीक जहाँ भी पड़ती है;
प्रतिमा सजीव होकर चलने-फिरने लगती,
मिट्टी की छाती में चेतना उमड़ती है।

छनी-टाँकी क्या करें? जिन्दगी की साँसें
लोहे पर धरकर नहीं बनाई जाती है;
धाराएँ जो मानव को उद्वेलित करतीं,
यन्त्रों के बल से नहीं बहाई जाती हैं।

विज्ञान काम कर चुका; हाथ उसका रोको,
आगे आने दो गुणी, कला कल्याणी को;
जो भार नहीं विभ्राट, महाबल उठा सके,
दो उसे उठाने किसी क्षीणबल प्राणी को।

मानव-मन को बेधते फूल के दल केवल,
आदमी नहीं कटता बरछों से, तीरों से;
लोहे की कड़ियों की साजिश बेकार हुई,
बाँधो मनुष्य को शबनम की जंजीरों से।

[1950]

सपनों का धुआँ

‘है कौन?’ ‘मुसाफिर वही, कि जो कल आया था,
या कल जो था मैं, आज उसी की छाया हूँ;
जाते-जाते कल छट गये कुछ स्वप्न यहीं,
खोजते रात में आज उन्हीं को आया हूँ।’

‘जीते हैं मेरे स्वप्न? आपने देखा था?’
(बोले) ‘हाँ, छोड़ गए थे यहाँ आप ही दूब हरी;
अफसोस मगर, कल शाम आपके जाते ही
चर गई उसे जड़-मूल-सहित मेरी बकरी।’

'चन्दन भी था कुछ पड़ा हुआ घर के बाहर,
कल रात लगी थरथरी उसे तब मँगवाया;
जी भर कर तापा धर कर उसे अँगीठी में,
जब धुआँ उठा, घर भर को बड़ा मजा आया।'

(मैंने कहा) 'दूर ही रहो अय चाँद! आदमी बड़े-बड़े
आगे-पीछे भी नहीं सोचने पाएँगे;
पीयूष तुम्हारे मरने का कारण होगा,
प्याले पर धर कर तुम्हें चाट ही जाएँगे।'

[1949]

राहु

चेतनाहीन ये फूल तड़पना क्या जानें?
जब भी आ जाती हवा कि पैंग बढ़ाते हैं।
झूलते रात भर मन्द पवन के झूलों पर,
फूटी न किरण की धार कि चट खिल जाते हैं।

लेकिन, मनुष्य का हाल? हाय, वह फूल नहीं,
दिनमान निठुर सारा दिन उसे जलाता है;
औ' फुटपाथों पर लेट रात भर पड़ा-पड़ा
आदमी चाँद को अपना घाव दिखाता है।

जिसका सारा जादू समाप्त हो फूलों पर,
वह सूर्य जगत में किस बूते पर जीता है?
मरता न डूब क्यों चाँद, हृदय का मधु जिसका
मानव की आत्मा नहीं, दग्ध तन पीता है?

यह जलन? और यह दाह? सूर्य अम्बर छोड़े;
यह पीला-पीला चाँद? इसे बुझ जाने दो।
क्या अन्धकार इससे भी दुखदायी होगा?
मत रोको कोई राह, राहु को आने दो!

[1949]

वलि की खेती

ओ अनिल-स्कन्ध पर चढ़े हुए प्रच्छन्न अनल!
हुतप्राण वीर की ओ ज्वलन्त छाया अशेष;
यह नहीं तुम्हारी अभिलाषाओं की मंजिल,
यह नहीं तुम्हारे सपनों से उत्पन्न देश।

काया-प्रकल्प के बीच मृत्ति में रहे ऊँघ,
हैं ऊँघ रहे आदर्श तुम्हारे महाप्राण;
वलिसिक्त भूमि में जिन्हें गिराया था मैंने,
जाने, मेरे भी ऊँघ रहे वे कहाँ गान।

यह सुरभि नहीं, मधु स्वप्न तुम्हारे जलते हैं,
यह चमक? तुम्हारे अरमानों में लगी आग;
श्री नहीं, छद्मिनी कोई वेश बदल आई,
मल खूब तुम्हारी इच्छा का मुख पर पराग।

जादू की यह चाँदनी, धूप की चमक-दमक,
ये फूल और ये दीप, सभी छिप जायेंगे;
वलि की खेती पर पड़ी पपड़ियों को उछाल,
अपने जब सूरज और चाँद उग आयेंगे।

अंजलि भर जल से भी उगते दूर्वा के दल,
वसुधा न मूल्य के बिना कभी कुछ लेती है;
औ' शोणित से सींचते अंग हम जब उसका,
बदले में सूरज-चाँद हमें वह देती है।

[1949]

तुम क्यों लिखते हो?

तुम क्यों लिखते हो? क्या अपने अन्तरतम को
औरों के अन्तरतम के साथ मिलाने को?
अथवा शब्दों की तह पर तह पोशाक पहन,
जग की आँखों से अपना रूप छिपाने को?

यदि छिपा चाहते हो दुनिया की आँखों से,
तब तो मेरे भाई! तुमने यह बुरा किया;
है किसे फिक्र ही यहाँ, कौन क्या लाया है!
तुमने ही क्यों अपने को अद्‌भुत मान लिया?

कहनेवाले जाने, क्या-क्या कहते आये,
सुननेवालों ने मगर, कहो, क्या पाया है?
मथ रहीं मनुज को जो अनन्त जिज्ञासाएँ,
उत्तर क्या उनका कभी जगत में आया है?

अच्छा बोलो, आदमी एक मैं भी ठहरा,
अम्बर से मेरे लिए चीज क्या लाये हो?
मिट्टी पर हूँ मैं खड़ा, जरा नीचे देखो,
ऊपर क्या है जिस पर टकटकी लगाये हो?

'तारों में है संकेत? चाँदनी में छाया?'
बस, यही बात हो गई सदा दुहराने की?
सनसनी, फेन, बुद्बुद, सब कुछ सोपान बना,
अच्छी निकली यह राह सत्य तक जाने की।

दावा करते हैं शब्द जिसे छू लेने का,
क्या कभी उसे तुमने देखा या जाना है?
तुतले कम्पन उठते हैं जिस गहराई से,
अपने भीतर क्या कभी उसे पहचाना है?

जो कुछ खुलता सामने, समस्या है केवल,
असली निदान पर जड़े वज्र के ताले हैं;
उत्तर, शायद, हो छिपा मूकता के भीतर,
हम तो प्रश्नों का रूप सजानेवाले हैं।

तब क्यों रचते हो वृथा स्वांग, मानो, सारा
आकाश और पाताल तुम्हारे कर में हो?
मानो, मनुष्य नीचे हो तुमसे बहुत दूर
मानो, कोई देवता तुम्हारे स्वर में हो!

मिहिका रचते हो? रचो; किन्तु, क्या फल इसका?
खुलने की जोखिम से वह तुम्हें बचाती है?
लेकिन मनुष्य की द्वाभा और सघन होती,
धरती की किस्मत और भरमती जाती है।

धो डालो फूलों का पराग गालों पर से,
आनन पर से यह आनन अपर हटाओ तो;
कितने पानी में हो? इसको जग भी देखे,
तुम पल भर को केवल मनुष्य बन आओ तो।

सच्चाई की पहचान कि पानी साफ रहे,
जो भी चाहे, ले परख जलाशय के तल को;
गहराई का वे भेद छिपाते हैं केवल,
जो जान-बूझ गदला करते अपने जल को।

[1950]

भगवान की बिक्री

लोगे कोई भगवान? टके में दो दूँगा;
लोगे कोई भगवान? बड़ा अलबेला है।
साधना-फकीरी नहीं; खूब खाओ, पूजो,
भगवान नहीं, असली सोने का ढेला है।

निराशावादी

पर्वत पर, शायद, कोई वृक्ष न शेष बचा;
धरती पर, शायद, शेष बची है नहीं घास;
उड़ गया भाप बनकर सरिताओं का पानी,
बाकी न सितारे बचे चाँद के आस-पास।

क्या कहा कि मैं घनघोर निराशावादी हूँ?
तब तुम्हीं टटोलो हृदय देश का, और कहो,
लोगों के दिल में कहीं अश्रु क्या बाकी है?
बोलो, बोलो, विस्मय में यों मत मौन रहो।

[1949]

अमृत-मन्थन

[1]

जय हो, छोड़ो जलधि-मूल,
ऊपर आओ अविनाशी,
पंथ जोहती खड़ी कूल पर
वसुधा दीन, पियासी।

मन्दर थका, थके असुरासुर,
थका रज्जु का नाग,
थका सिन्धु उत्ताल,
शिथिल हो उगल रहा है झाग।

निकल चुकी वारुणी, असुर
पी चुके मोहिनी हाला,
नीलकंठ शितिकंठ पी चुका
कालकूट का प्याला।

मिले नियति के भाग सभी को।
सबकी पूरी चाह
जन्मो, जन्मो अमृत!
देवता देख रहे हैं राह।

[2]

जन्मो पीड़ित, मथित उदधि
के आकुल अन्तस्तल से,
जन्मो उद्वेलन-अशान्ति से,
जन्मो कोलाहल से।

नर्तित गिरि के घूर्णिवेग,
वासुकि के कर्षित फण से,
जन्मो, सागर-शिला-नाग के
भीषण संघर्षण से।

जन्मो, जैसे जन्म ग्रहण
करती मणि चक्षुश्रवा से,

जन्मो, जैसे किरण जन्म
लेती है सघन कुहा से।

शमित करो विष की प्रचंडता,
शमित करो यह दाह,
जन्मो, जन्मो अमृत! देवता
देख रहे हैं राह।

[1946 ई.]

व्यष्टि

तुम जो कहते हो, हम भी हैं चाहते वही,
हम दोनों की किस्मत है एक दहाने में;
है फर्क मगर, काशी में जब वर्षा होती
हम नहीं तानते हैं छाते बरसाने में।

तुम कहते हो, आदमी नहीं यों मानेगा,
खूँटे से बाँधो इसे और रिरियाने दो;
सीधे मन से यह पाठ नहीं जो सीख सका,
लाठी से थोड़ी देर हमें सिखलाने दो।

हम कहते हैं, आदमी तभी सीधा होगा,
जब ऊँचाई पर पहुँच स्वयं वह जागेगा;
यों, सदी-दो सदी तक खूँटे से बाँध रखो,
जंजीरें ढीली हुईं कि वह फिर भागेगा।

है आँख तुम्हारी निराकारता के ऊपर,
तुम देख रहे कल्पित समाज की छाया को;
हमको तो केवल व्यष्टि दिखाई पड़ती है,
मुट्ठी कैसे पकड़े समष्टि की माया को?

मढ़ कभी सकोगे चाम निखिल भूमंडल पर?
बेकार रात-दिन इतना स्वेद बहाते हो।
काँटे पथ में हैं अगर, व्यक्ति के पाँवों में
तुम अलग-अलग जूते क्यों नहीं पिन्हाते हो?

[1950]

संस्कार

कल कहा एक साथी ने, तुम बर्बाद हुए;
ऐसे भी अपना भरम गँवाया जाता है?
जिस दर्पण में गोपन मन की छाया पड़ती,
वह भी सबके सामने दिखाया जाता है?

क्यों दुनिया तुमको पढ़े फकत उस शीशे में
जिसका परदा सबके सम्मुख तुम खोल रहे?
इसके पीछे भी एक और दर्पण होगा;
कानाफूसी यह सुनो, लोग क्या बोल रहे?

तुम नहीं जानते बन्धु! चाहते हैं ये क्या;
इनके अपने विश्वास युगों से आते हैं;
है पास कसौटी, एक सड़ी सदियोंवाली,
क्या करें, उसी के ऊपर हमें चढ़ाते हैं!

सदियों का वह विश्वास, कभी मत क्षमा करो,
जो हृदय-कुंज में बैठ तुम्हीं को छलता है;
वह एक कसौटी, लीक पुरानी है जिस पर
मारो उसको जो डंक मारते चलता है।

जब डंकों के बदले न डंक हम दे सकते,
इनके अपने विश्वास मूक हो जाते हैं,
काटता, असल में, प्रेत इन्हें अपने मन का,
मेरी निर्विषता से नाहक घबराते हैं।

[1950]

एक भारतीय आत्मा के प्रति

[कवि की साठवीं वर्षगाँठ के अवसर पर]

रेशम के डोरे नहीं, तूल के तार नहीं,
तुमने तो सब कुछ बुना साँस के धागों से;
बेंतों की रेखाएँ रंगों में बोल उठीं,
गुलबदन किरण फूटी कड़ियों के रागों से।

चीखें जब बनतीं टेक, अन्तराएँ आहें,
मन की कचोट जब पिघल गीत में घुलती है;
दुनिया सुनती चुपचाप आप अपने भीतर,
आँखें भींगें, लेकिन, जबान कब खुलती है?

ये खूब कुहासे लाल-लाल, झीने-झीने,
यह खूब घटा रंगीन सँवरकर छाई है
दुलहन कोई है छिपी? याकि मंजूषा में
धरती की पहली उषा सिमट कर आई है?

तुम साठ साल के हुए, साठ ही और लगें,
पर, यह दुलहन क्या कभी मलिन हो पाएगी?
हर भोर कली पर नई-नई शबनम होगी,
हर रोज वेदना रंगों-बीच नहाएगी।

है कौन सत्य, पत्ते जिसके झरते रहते?
या वह जिसमें नित नूतन पत्र निकलते हैं?
दो रूप, एक से नाश हमें अनुगत करता
दूसरा, मृत्यु पर हमीं पाँव दे चलते हैं।

[अप्रैल, 1950]

इच्छा-हरण

धरती ने भेजा था सूरज-चाँद स्वर्ग से लाने,
भला द्वीप लेकर लौटूँ किसको क्या मुख दिखलाने?

भर न सका अंजलि, तू पूरी कर न सका यह आशा,
उलटे, छीन रहा है मुझसे मेरी चिर-अभिलाषा।

रहने दे निज कृपा, हुआ यदि तू ऐसा कंगाल,
मनसूबे मत छीन, कलेजे से मत कसक निकाल।

माना, है अधिकार तुझे दानी सब कुछ देने का,
मगर, निराला खेल कौन इच्छाएँ हर लेने का?

अचल साध्य-साधक हम दोनों, अचल कामना-कामी,
इतनी सीधी बात तुझे ही ज्ञात न अन्तर्यामी!

माँग रहा चन्द्रमा स्वर्ग का, माँग रहा दिनमान,
नहीं माँगने मैं आया इच्छाओं का अवसान!

वीर-वन्दना

[1]

वीर-वन्दना की वेला है, कहो, कहो क्या गाऊँ?
आँसू पातक बनें नींव की ईंट अगर दिखलाऊँ।

बहुत कीमती हीरे-मोती रावी लेकर भागी,
छोड़ गई जलियाँबाग की लेकिन, याद अभागी।

कई वर्ष उससे पहले, जब देश हुआ स्वाधीन,
लहू जवानों का पीती थी भारत में संगीन।

[2]

वीर-वन्दना की वेला है, कहो, कहो क्या गाऊँ?
भाँति-भाँति के चित्र टँगे हैं, किसको, कौन दिखाऊँ?

यह बहादुरों की लाशों से पटा हुआ है खेत,
यह प्रयाग की इन्द्राणी पर टूट रहे हैं बेंत।

कई वर्ष उससे पहले जब देश हुआ स्वाधीन,
भगत सिंह फाँसी पर झूले, घुल-घुल मरे यतीन।

[3]

वीर-वन्दना की वेला है, कहो, कहो, क्या गाऊँ?
पन्ने पर पन्ने अनेक हैं, पहले किसे उठाऊँ?

कौंध गई बिजली-सी भारत में प्रताप की याद,
इम्फल में बन गया किरिच बापू का आशीर्वाद।

कई मास उससे पहले जब देश हुआ स्वाधीन,
भूले हुए खड्ग से लिक्खा हमने पृष्ठ नवीन।

[4]

वीर-वन्दना की वेला है, कहो, कहो क्या गाऊँ!
अमर ज्योति वह कहाँ देश की जिसको शीश झुकाऊँ?

दिखा नहीं दर्पण पातक का, अरे गाँस मत मार,
अश्रु पोंछकर जीने को होने तो दे तैयार।

काल-शिखर से बोल रहा यह किस ऋषि का बलिदान,
कमलपत्र पर लिखो, लिखो कवि! भारत का जयगान।

[1949]

भारतीय सेना का प्रयाण-गीत

जाग रहे हम वीर जवान,
जियो, जियो अय हिन्दुस्तान!

[1]

हम प्रभात की नई किरण हैं,
हम दिन के आलोक नवल;
हम नवीन भारत के सैनिक,
धीर, वीर, गम्भीर, अचल।

हम प्रहरी ऊँचे हिमाद्रि के,
सुरभि स्वर्ग की लेते हैं;
हम हैं शान्तिदूत धरणी के,
छाँह सभी को देते हैं।

वीर-प्रसू माँ की आँखों के
हम नवीन उजियाले हैं;
गंगा, यमुना, हिन्द महासागर
के हम रखवाले हैं।

तन, मन, धन तुम पर कुर्बान,
जियो, जियो अय हिन्दुस्तान!

[2]

हम सपूत उनके, जो नर थे,
अनल और मधु के मिश्रण;
जिसमें नर का तेज प्रखर था,
भीतर था नारी का मन।

एक नयन संजीवन जिनका,
एक नयन था हालाहल;
जितना कठिन खड्ग था कर में,
उतना ही अन्तर कोमल।

थर-थर तीनों लोक काँपते
थे जिनकी ललकारों पर;
स्वर्ग नाचता था रण में,
जिनकी पवित्र तलवारों पर।

हम उन वीरों की सन्तान,
जियो, जियो अय हिन्दुस्तान!

[3]

हम शकारि विक्रमादित्य हैं
अरिदल को दलनेवाले;
रण में जमीं नहीं, दुश्मन की
लाशों पर चलनेवाले।

हम अर्जुन, हम भीम, शान्ति के
लिए जगत में जीते हैं;
मगर, शत्रु हठ करे अगर तो,
लहू वक्ष का पीते हैं।

हम हैं शिवा-प्रताप रोटियाँ
भले घास की खाएँगे;
मगर, किसी जुल्मी के आगे,
मस्तक नहीं झुकाएँगे।

देंगे जान, नहीं ईमान,
जियो, जियो अय हिन्दुस्तान!

[4]

जियो, जियो अय देश! कि पहरे
पर ही जगे हुए हैं हम।
वन, पर्वत, हर तरफ चौकसी
में ही लगे हुए हैं हम।

हिन्द-सिन्धु की कसम, कौन
इस पर जहाज ला सकता है,
सरहद के भीतर कोई
दुश्मन कैसे आ सकता है?

पर की हम कुछ नहीं चाहते,
अपनी किन्तु, बचाएँगे;
जिसकी उँगली उठी,
उसे हम यमपुर को पहुँचाएँगे।

हम प्रहरी यमराज-समान,
जियो, जियो अय हिन्दुस्तान!

[1948]

अरुणोदय

नई ज्योति से भींग रहा
उदयाचल का आकाश;
जय हो, आँखों के आगे
यह सिमट रहा खग्रास।

है फूट रही लालिमा, तिमिर
की टूट रही घन कारा है;
जय हो, कि स्वर्ग से छूट रही
आशीष की ज्योतिर्धारा है।

बज रहे किरण के तार,
गूँजती है अम्बर की गली-गली;
आकाश हिलोरें लेता है,
अरुणिमा बाँध धारा निकली।

प्राची का रुद्र कपाट खुला,
उषा आरती सजाती है;
कमला जयहार पिन्हाने को
आतुर-सी दौड़ी आती है।

जय हो उनकी, कालिमा धुली
जिनके अशेष बलिदानों से;
लाली का निर्झर फूट पड़ा
जिनके शायक-सन्धानों से।

परवशता-सिन्धु तरण करके
तट पर स्वदेश पग धरता है;
दासत्व छूटता है, सिर से
पर्वत का भार उतरता है।

मंगल-मुहूर्त; रवि! उगो, हमारे
क्षण ये बड़े निराले हैं;
हम बहुत दिनों के बाद विजय
का शंख फूँकनेवाले हैं।

मंगल-मुहूर्त; तरुगण! फूलो,
नदियो! अपना पय दान करो;
जंजीर तोड़ता है भारत,
किन्नरियो! जय-जय गान करो।

भगवान साथ हों, आज हिमालय
अपनी ध्वजा उठाता है;
दुनिया की महफिल में भारत
स्वाधीन बैठने जाता है।

आशीष दो वनदेवियो! बनी
गंगा के मुख की लाज रहे;
माता के सिर पर सदा बना
आजादी का यह ताज रहे।

आजादी का यह ताज बड़े
तप से भारत ने पाया है;
मत पूछो, इसके लिए देश
ने क्या कुछ नहीं गँवाया है।

जब तोप सामने खड़ी हुई,
वक्षस्थल हमने खोल दिया;
आई जो नियति तुला लेकर,
हमने निज मस्तक तोल दिया।

माँ की गोदी सूनी कर दी,
ललनाओं का सिन्दूर दिया;
रौशनी नहीं घर की केवल,
आँखों का भी दे नूर दिया।

तलवों में छाले लिये चले
बरसों तक रेगिस्तानों में;
हम अलख जगाते फिरे युगों
तक झंखाड़ों, वीरानों में।

आजादी का यह ताज विजय-
साका है मरनेवालों की;
हथियारों के नीचे से खाली,
हाथ उभरनेवालों की।

इतिहास! जुगा इसको, पीछे
तस्वीर अभी जो छूट गई;
गांधी की छाती पर जाकर
तलवार स्वयं ही टूट गई।

जर्जर वसुन्धरे! धैर्य धरो,
दो यह संवाद विवादी को;
आजादी अपनी नहीं; चुनौती
है रण के उन्मादी को।

हो जहाँ सत्य की चिनगारी,
सुलगे-सुलगे, वह ज्वाल बने;
खोजे अपना उत्कर्ष अभय,
दुर्दान्त शिखा विकराल बने।

सबकी निर्बाध समुन्नति का
संवाद लिये हम आते हैं;
सब हों स्वतन्त्र, हरि का यह
आशीर्वाद लिये हम आते हैं।

आजादी नहीं, चुनौती है,
है कोई वीर जवान यहाँ?
हो बचा हुआ जिसमें अब तक
मर-मिटने का अरमान यहाँ?

आजादी नहीं, चुनौती है,
यह बीड़ा कौन उठाएगा?
खुल गया द्वार, पर कौन देश
को मन्दिर तक पहुँचाएगा?

है कौन, हवा में जो उड़ते
इन सपनों को साकार करे?
है कौन उद्यमी नर, जो इस
खँडहर का जीर्णोद्धार करे?

माँ का अंचल है फटा हुआ,
इन दो टुकड़ों को सीना है;
देखें, देता है कौन लहू,
दे सकता कौन पसीना है?

रोली लो, उषा पुकार रही,
पीछे मुड़कर टुक झुको-झुको;
पर, ओ अशेष के अभियानी,
इतने पर ही तुम नहीं रुको।

आगे वह लक्ष्य पुकार रहा,
हाँकते हवा पर यान चलो;
सुरधनु पर धरते हुए चरण,
मेघों पर गाते गान चलो।

पीछे ग्रह और उपग्रह का
संसार छोड़ते बढ़े चलो;
करगत फल-फूल-लताओं की
मदिरा निचोड़ते बढ़े चलो।

बदली थी जो पीछे छूटी,
सामने रहा, वह तारा है;
आकाश चीरते चलो, अभी
आगे आदर्श तुम्हारा है।

निकले हैं हम प्रण किये अमृत
घट पर अधिकार जमाने को;
इन ताराओं के पार इन्द्र के
गढ़ पर ध्वजा उड़ाने को।

सम्मुख असंख्य बाधाएँ हैं,
गरदन मरोड़ते बढ़े चलो;
अरुणोदय है, यह उदय नहीं,
चट्टान फोड़ते बढ़े चलो।

[1947]

भारत का आगमन

कुछ आए शर-चाप उठाये राग प्रलय का गाते,
मानवता पर पड़े हुए पर्वत की धूल उड़ाते।

कुछ आए आसीन अनल से भरे हुए झोंकों पर,
गाँथे हुए मुकुट-मुंडों को बरछों की नोकों पर।

कुछ आए तोलते कदम को मणि-मुक्ता, सोने से,
कुछ आए बाँधते जगत का मन जादू-टोने से।

दानदक्ष अंजलि में सबके लिए लिये कल्याण,
सहज, धीर गति से आए, बस, एक तुम्हीं गुणवान।

तुम आए, जैसे आते सावन के मेघ गगन में,
तुम आए, जैसे आता हो संन्यासी मधुवन में।

तुम आए, जैसे आवे जल-ऊपर फूल कमल का,
तुम आए, भू पर आवे, ज्यों सौरभ नभ-मंडल का।

निज से विरत, सकल मानवता के हित में अनुरत-से,
भारत! राजभवन में आओ, सचमुच, आज भरत-से।

हवन-पूत कर में सुदंड नव, जटाजूट पर ताज,
जगत देखने को आएगा, संन्यासी का राज।

[1948]

मृत्ति-तिलक

सब लाए कनकाभ चूर्ण,
विद्याधन हम क्या लाएँ?
झुका शीश नरवीर! कि हम
मिट्टी का तिलक चढ़ाएँ।

भरत-भूमि की मृत्ति सिक्त
मानस के सुधा-क्षरण से;
भरत-भूमि की मृत्ति दीप्त
नरता के तपश्चरण से।

गंधवती, शुचि रसा कुक्षि से
मलय उगानेवाली;
कामधेनु-कल्पद्रुम-सी यह
वरदायिनी निराली।

पारिजात से भी सुरभित,
यह अरुण कहीं कुंकुम से;
यह मिट्टी अनमोल कनक से,
मणि - मुक्ता - विद्रुम से।

भूप कहाकर भी न भूमि का
प्रेम सभी पाते हैं;
मुकुटवान इसकी चुटकी भर
रज को ललचाते हैं।

जनता के हाथों चढ़ता है
जिसे ज्योति का टीका;
उसी भाग्यशाली को मिलता
आशीर्वाद मही का।

तन के त्रासक को न, मृत्ति के
उर-पुर के जेता को;
मिट्टी का हम तिलक चढ़ाते
स्पृहामुक्त नेता को।

जय उनकी, जो नर निरीह
धूसर जन के नायक हैं;
हम विद्याधन विप्र मृत्ति
की महिमा के गायक हैं।

[1949]

गांधी

मा भैः, मा भैः, मा भैः, मा भैः,
मोह तिमिर है, मोह मृत्यु है,
छोड़ो इसे अभागो रे!
भय का बन्धन तोड़ अमृत के
पुत्र मानवो! जागो रे!
मा भैः, मा भैः।

दमन करो मत कभी, सत्य को
मुख से बाहर आने दो;
भय के भीषण अन्धकार में

ज्योति उसे फैलाने दो।
मा भैः, मा भैः।

जुल्मी को जुल्मी कहने में
जीभ जहाँ पर डरती है;
पौरुष होता क्षार वहाँ,
दम घोंट जवानी मरती है।
मा भैः, मा भैः।

सत्य न होता प्राप्त कभी भी
सत्य-सत्य चिल्लाने से;
मिलता है वह सदा एक
निर्भयता को अपनाने से।
मा भैः मा भैः।

निर्भयता है ज्योति मनुज की,
निर्भयता मानव का बल;
निर्भयता शूरों की शोभा,
वीरों की करवाल, प्रबल।
मा भैः, मा भैः।

अभय, अभय ओ अमृत-पुत्र!
बेबसी, वेदना बोलो भी;
दम घुट रहा सत्य का भीतर,
द्वार हृदय का खोलो भी।
मा भैः, मा भैः।

[1949]

भाइयो और बहनो!

लो शोणित, कुछ नहीं अगर
यह आँसू और पसीना;
सपने ही जब धधक उठें,
तब क्या धरती पर जीना?

सुखी रहो, दे सका नहीं मैं,
जो कुछ रो-समझा कर;
मिले कभी वह तुम्हें भाइयो-
बहनो! मुझे गँवा कर।

[1949]

हे राम!

लो अपना यह न्यास देवता!
बाँह गहो गुणधाम!
भक्त और क्या करे सिवा,
लेने के पावन नाम?

स्वागत नियति-नियत क्षण मेरे!
बजा विजय की भेरी;
मुक्तिदूत! जाने कब से थी
मुझे प्रतीक्षा तेरी।

और कौन तुम तृषित? अरे,
चुल्लू भर शोणित को ही,
तुम आए ले शस्त्र, व्यर्थ
बनकर समाज के द्रोही?

मेरा शोणित शमित सके कर
अगर किसी का ताप,
घर बैठे पहुँचा आऊँ मैं
उसे न क्यों चुपचाप?

क्षमा करो देवाधिदेव!
अपराधी किसका, कौन?
इच्छा राम! प्रधान तुम्हारी,
दोष हमारे गौण।

विदा, युद्धजर्जर वसुधे!
किस तरह करूँ परितोष?
भेजें राम मुझे लेकर फिर
कभी अमृत का कोष।

फूँक जगत के कर्णकुहर में
देव! तुम्हारा नाम,
क्षमा करो देवाधिदेव,
आया, आया हे राम![1]

[1949]

---

1. बापू के मुख से निकले हुए अन्तिम शब्द।

बापू

जो कुछ था देय, दिया तुमने, सब लेकर भी
हम साथ पसारे हुए खड़े हुए हैं आशा में;
लेकिन, छींटों के आगे जीभ नहीं खुलती,
बेबसी बोलती है आँसू की भाषा में।

वसुधा को सागर से निकाल बाहर लाए,
किरणों का बन्धन काट उन्हें उन्मुक्त किया;
आँसुओं, पसीनों से न आग जब बुझ पाई
बापू! तुमने आखिर को अपना रक्त दिया।

[1949]

रूह की खाई

बापू! हम अगुणी, कृतघ्न,
पर, आँसू बलशाली है,
और जगत में कभी नहीं,
बलिदान गया खाली है।

गगन-रन्ध्र में गूँज रहा
आकुल आह्वान तुम्हारा,
बोल रहा सबके मस्तक पर
चढ़ बलिदान तुम्हारा।

बलि का विशिख लगा,
भारत का उर फटता जाता है,
भ्रम का जाल मनुज की आँखों
से हटता जाता है।

डूबेगा यह देश रूह की
इस बढ़ती खाई में,
उतरेंगे हम कभी प्रेम की
असली गहराई में।

बापू! तुमने होम दिया
जिसके निमित्त अपने को,
अर्पित सारी भक्ति हमारी
उस पवित्र सपने को।

क्षमा, शान्ति, निर्भीक प्रेम को
शतशः प्यार हमारा,
उगा गए तुम बीज, सींचने
का अधिकार हमारा।

निखिल विश्व के शान्ति-यज्ञ में
निर्भय हमीं लगेंगे,
आएगा आकाश हाथ में,
सारी रात जगेंगे।

[1949]

अपराध

बापू, लोगे किसका प्रणाम?
सब हाथ जोड़ने आए हैं।

ये वे, जिनकी अंजलियों में
पूजा के फूल नहीं दिपते;
ये वे, जिनकी मुट्ठी में भी
लोहू के दाग नहीं छिपते।

ये वे, जिनकी आरती-शिखा
हाथों में सहमी जाती है;

मन के अगाध तम की छाया
को पास देख घबराती है।

श्रद्धा के सिर पर ग्लानि-भार,
गौरव की ग्रीवा झुकी हुई।
व्रणमयी भक्ति की आँखों में
काले-काले घन छाए हैं।

बापू! लोगे किसका प्रणाम?
सब हाथ जोड़ने आए हैं।

[1949]

जनता और जवाहर

फीकी उसाँस फूलों की है,
मद्धिम है ज्योति सितारों की;
कुछ बुझी-बुझी-सी लगती है
झंकार हृदय के तारों की।

चाहे जितना भी चाँद चढ़े,
सागर न किन्तु, लहराता है;
कुछ हुआ हिमालय को, गरदन
ऊपर को नहीं उठाता है।

अरमानों में रौशनी नहीं,
इच्छा में जीवन का न रंग;
पाँखों में पत्थर बाँध कहीं
सूने में जा सोई उमंग।

गम की चट्टानों के नीचे
जिन्दगी पड़ी सोई-सी है,
निर्वापित दीप हुआ जब से,
जनता खोई - खोई - सी है।

झालरें ख्वाब के परदों की,
झाँकी रंगीन घटाओं की;
दिखलाते हैं ये तस्वीरें,
किसको आसन्न छटाओं की?

तम के सिर पर आलोक बाँध
डूबा जो नरता का दिनेश;
उस महासूर्य की याद लिये
बेहोशी में है पड़ा देश।

औरों की आँखें सूख गईं,
हैं सजल दीनता के लोचन;
औरों के नेता गए, मगर,
जनता का उजड़ गया जीवन।

चुभती है पल-पल, घड़ी-घड़ी
अन्तर में गाँस कसाले की;
भूलती याद ही नहीं कभी,
छाती छिदवानेवाले की।

आँखें वे मलिन गुफाओं में
शीतल प्रकाश भरनेवाली;
मुस्कानें वे पीयूषमयी,
उम्मीद हरी करनेवाली।

सबके पापों का बोझ उठाए
फिरना जान अकेली पर;
बापू का वह घूमना प्राण
को निर्भय लिये हथेली पर।

अभिशप्त देश के हाथों से
विष-कलश खुशी से ले जाना;
फिर उसी अभागे की खातिर,
अनमोल जिन्दगी दे देना।

इन अमिट झाँकियों से लिपटा
अन्तर स्वदेश का सोता है;
है किसे फिक्र आवाज सुने?
समझे कि कहाँ क्या होता है?

इस घमासान अँधियाले में
आशा का दीपक एक शेष,
जनता के ज्योतिर्नयन! तुम्हें
ही देख-देख जी रहा देश।

जो मिली विरासत तुम्हें,
आँख उसकी आँसू से गीली है,
आशाओं में आलोक नहीं,
इच्छाएँ नहीं रँगीली हैं।

इस महासिन्धु के प्राणों में
आलोड़न फिर भरना होगा,
जनतन्त्र बसाने के पहले
जन को जाग्रत करना होगा।

सपनों की दुनिया डोल रही,
निष्ठा के पग थर्राते हैं;
तप से प्रदीप्त आदर्शों पर
बादल-से छाए जाते हैं।

इस गहन तमिस्रा को बेधो,
शायक नवीन सन्धान करो,
ऊँघती हुई सुषमाओं का
किरणों पर चढ़ आह्वान करो।

जनता विषण्ण, जनता उदास,
जनता अधीर अकुलाती है,
निरुपाय तुम्हारी जय पुकार
वह अपना हृदय जुड़ाती है।

तम-गहन उदासी के भीतर
आशा का यह उच्चार सुनो,
इस महाघोर अँधियाले में
अपनी यह जय-जयकार सुनो।

भीतर आवेगों की आँधी
ज्यों-ज्यों हो विवश मचलती है;
त्यों-त्यों, अधीर जन-कंठों से
आकुल जयकार निकलती है।

हैं पूछ रहे जय के निनाद,
कब तक यह रात खत्म होगी?
सूखेंगे भींगे नयन और
वेदना देश की कम होगी।

जो स्वर्ग हवा में हिलता है,
मिट्टी पर वह कब आएगा?
काले बादल हैं जहाँ, वहाँ
कब इन्द्रधनुष लहराएगा?

झूलता तुम्हारी आँखों में
जो स्वर्ग, हमारी आशा है,
तुम पाल रहे हो जिसे, वही
भारत भर की अभिलाषा है।

आँसू के दाऩों में झरते,
वे मोती निर्धनता के हैं;
लिखते हो जो कुछ, वही लेख
सौभाग्य दीन जनता के हैं।

सब देख रहे हैं राह, सुधा
कब धार बाँधकर छूटेगी;
नरवीर! तुम्हारी मुट्ठी से
किस रोज रोशनी फूटेगी?

है खड़ा तुम्हारा देश, जहाँ भी
चाहो, वहीं इशारों पर!
जनता के ज्योतिर्नयन! बढ़ाओ
क़दम चाँद पर, तारों पर!

है कौन जहर का वह प्रवाह
जो तुम चाहो औ' रुके नहीं?
है कौन दर्पशाली ऐसा
तुम हुक्म करो, वह झुके नहीं?

न्यौछावर इच्छाएँ, उमंग,
आशा, अरमान जवाहर पर;
सौ-सौ जानों से कोटि-कोटि
जन हैं कुरबान जवाहर पर।

नाज़ाँ है हिन्दुस्तान,
एशिया को अभिमान जवाहर पर;
करुणा की छाया किये रहें,
पल-पल भगवान जवाहर पर।

[1949]

जनतन्त्र का जन्म

सदियों की ठंडी-बुझी राख सुगबुगा उठी,
मिट्टी सोने का ताज पहन इठलाती है;
दो राह, समय के रथ का घर्घर-नाद सुनो,
सिंहासन खाली करो कि जनता आती है।

जनता? हाँ, मिट्टी की अबोध मूरतें वही,
जाड़े-पाले की कसक सदा सहनेवाली,
जब अंग-अंग में लगे साँप हों चूस रहे,
तब भी न कभी मुँह खोल दर्द कहनेवाली।

जनता? हाँ, लम्बी-बड़ी जीभ की वही कसम,
'जनता, सचमुच ही, बड़ी वेदना सहती है।'
'सो ठीक, मगर, आखिर, इस पर जनमत क्या है?'
'है प्रश्न गूढ़; जनता इस पर क्या कहती है?'

मानो, जनता हो फूल जिसे एहसास नहीं,
जब चाहो तभी उतार सजा लो दोनों में,
अथवा कोई दुधमुँही जिसे बहलाने के
जन्तर-मन्तर सीमित हों चार खिलौनों में।

लेकिन, होता भूडोल, बवंडर उठते हैं,
जनता जब कोपाकुल हो भृकुटि चढ़ाती है;
दो राह, समय के रथ का घर्घर-नाद सुनो,
सिंहासन खाली करो कि जनता आती है।

हुंकारों से महलों की नींव उखड़ जाती,
साँसों के बल से ताज हवा में उड़ता है;
जनता की रोके राह, समय में ताव कहाँ?
वह जिधर चाहती, काल उधर ही मुड़ता है।

अब्दों, शताब्दियों, सहस्राब्द का अन्धकार
बीता; गवाक्ष अम्बर के दहके जाते हैं;
यह और नहीं कोई, जनता के स्वप्न अजय
चीरते तिमिर का वक्ष उमड़ते आते हैं।

सबसे विराट जनतन्त्र जगत का आ पहुँचा,
तैंतीस कोटि-हित सिंहासन तैयार करो;
अभिषेक आज राजा का नहीं, प्रजा का है,
तैंतीस कोटि जनता के सिर पर मुकुट धरो।

आरती लिये तू किसे ढूँढ़ता है मूरख,
मन्दिरों, राजप्रासादों में, तहखानों में?
देवता कहीं सड़कों पर गिट्टी तोड़ रहे,
देवता मिलेंगे खेतों में, खलिहानों में।

फावड़े और हल राजदंड बनने को हैं,
धूसरता सोने से शृंगार सजाती है;
दो राह, समय के रथ का घर्घर-नाद सुनो,
सिंहासन खाली करो कि जनता आती है।

[1950]

पंचतिक्त

[1]

चीलों का झुंड उचक्का है,
लोभी, बेरहम, लुटेरा भी;
रोटियाँ देख कमजोरों पर
क्यों नहीं झपट्टे मारेगा?
डैने इनके झाड़ते रहो
दम-ब-दम कड़ी फटकारों से,
बस, इसीलिए तो कहता हूँ,
आवाजें अपनी तेज करो।

औ' हो जाएँ जो ढीठ, न मानें
अदब-रोब फटकारों का;
तो कहीं रोटियों के पीछे
नेजों की नोकें खड़ी करो।

[2]

साँपों को तो देखिए, मौत का
रस दाँतों में भरे हुए,
चन्दन से लिपट पड़े रहते,
खेलते फूल की छाँहों में।
जन्नत से कढ़वा दिया शुरू
में ही बेचारे आदम को,
औ' तब से ही ये पड़े स्वर्ग
में दूध-बताशे खाते हैं।
साँपों से पाएँ त्राण, अक्ल
में आती कोई बात नहीं,
जनमेजय कितना करें?
देवता ही साँपों के बस में हैं।
शंकर को तो देखिए, गले
में हैं नागों के हार लिये।
औ' विष्णुदेव भी साँपों की
गुलगुली सेज पर सोते हैं।

[3]

जो घटा घुमड़ती फिरती है,
वह बिना बुलाये ही आई?
आकाश? नहीं क्या चीख-चीख
तू ने इसका आह्वान किया?
क्वारी थी, काँप उठा था मन
कुन्ती का रवि के आने पर,
थरथरी तुझे क्यों लगी? अरे,
तू तो उस्ताद पुराना है।
है वृथा यत्न दम साध
पेट में यह तूफान पचाने का;
मानेंगे बरसे बिना नहीं
ये न्योते पर आनेवाले।

[4]

पीयूष गाड़ कर शीशे में
दुकान सजाना काम नहीं,
तारों को भट्ठी बीच डाल
सिक्के न ढालना आता है।
यों तो किस्मत ने फेंक दिया
मुझको भी उन्हीं जनों में जो,
बेचते नहीं शरमाते हैं
ईश्वर को भी बाजारों में।

पर, एकरूप होकर भी हम
दोनों आपस में एक नहीं,
अय चाँद! देख मत मुझे
आदमी समझ शुभा की आँखों से।

[5]

ओ बदनसीब! क्या हाथ उठाये है?
आगे को पाँव बढ़ा;
छाया देने के लिए घटा
कोई न स्वर्ग से आएगी।
संयोग, कभी मिल जाय, सभी
दिन तो ओयसिस नहीं मिलती,
पर, प्यास पसीने से भी तो
बुझती है रेगिस्तानों में।
आगे बढ़, खड़ा-खड़ा किसकी
आशा में समय बिताता है?
जिनकी थी आस बहुत तुझको,
वे चले गए तहखानों में।

[1949]

भारत

सीखो नित नूतन ज्ञान, नई परिभाषाएँ,
अब आग लगे, गहरी समाधि में रम जाओ;
या सिर के बल हो खड़े परिक्रम में घूमो।
ढब और कौन हैं चतुर बुद्धि-बाजीगर के?

गांधी को उलटा घिसो, और जो धूल झरे,
उसके प्रलेप से अपनी कुंठा के मुख पर
ऐसी नक्काशी गढ़ो कि जो देखे, बोले,
आखिर, बापू भी और बात क्या कहते थे?

डगमगा रहे हों पाँव लोग जब हँसते हों,
मत चिढ़ो, ध्यान मत दो इन छोटी बातों पर,
कल्पना जगद्गुरुता की हो जिसके सिर पर,
वह भला कहाँ तक ठोस कदम धर सकता है?

औ' गिर भी जो तुम गए किसी गहराई में,
तब भी तो इतनी बात शेष रह जाएगी।
यह पतन नहीं, है एक देश पाताल गया,
प्यासी धरती के लिए अमृतघट लाने को।

[1950]

मरघट की धूप

तैर गए हम जिसे, कहो क्या
वह समुद्र था जल का?
विषपरिवह से विकल सिन्धु
या पिघले हुए अनल का?

पुरस्कार में यही द्वीप पर,
थे क्या हम पाने को?
झंझा पर होकर सवार
थे चले यहीं आने को?

बालू का यह द्वीप, दीखती
कहीं नहीं हरियाली,
एक रंग सब ओर, चतुर्दिक्
उजियाली, उजियाली।

होती कभी न शाम, न कोई
तारक ही खिलता है,
जरा जुड़ाये आँख, न ऐसा
एक दृश्य मिलता है।

दोपहरी का अन्धकार!
निष्प्राण ज्योति की वेला
मही बड़ी निःसंग व्योम पर
रवि भी बड़ा अकेला।

सूखे पत्तों के समान
चुम्बन नभ से झरता है;
न तो जानती मही, न
सूरज ही अनुभव करता है।

भींगी किरणों की दुनिया,
वह आग चेतनावाली,
कहाँ गई? यह समारोह
करता किसकी रखवाली?

साँसों की है गूँज कि टिक-टिक
घड़ी बोलती है यह?
जीवन का पदचाप? कि मरु में
हवा डोलती है यह?

बड़ी धूप है इस मरघट में,
और कहीं चल भटकें राही!
हाथ-पाँव रहते भोगें हम
क्यों मुर्दों के बीच तबाही?

कवि! कहता तू मरण, किन्तु,
इसने तो सुख का किया वरण है;
किसे चलाना चाह रहा तू,
'करुणा का यह थका चरण है।'

अच्छा, इसी द्वीप में बैठो,
सिकता से मुख धोओ,
मरी हुई चाँदनी ओढ़कर
सोओ, हे मन! सोओ!

पड़े रहो, आएगा, निश्चय,
किसी रोज अनजान
द्वीपान्तर में तुम्हें उड़ा
ले जाने को तूफान।

[1951]

लोहे के पेड़ हरे होंगे

लोहे के पेड़ हरे होंगे,
तू गान प्रेम का गाता चल,
नम होगी यह मिट्टी जरूर,
आँसू के कण बरसाता चल।

[1]

सिसकियों और चीत्कारों से
जितना भी हो आकाश भरा,

कंकालों का हो ढेर,
खप्परों से चाहे हो पटी धरा।

आशा के स्वर का भार
पवन को लेकिन, लेना ही होगा,
जीवित सपनों के लिए मार्ग
मुर्दों को देना ही होगा।

रंगों के सातों घट उँडेल,
यह अँधियाली रँग जाएगी,
ऊषा को सत्य बनाने को
जावक नभ पर छितराता चल।

[2]

आदर्शों से आदर्श भिड़े,
प्रज्ञा प्रज्ञा पर टूट रही,
प्रतिमा प्रतिमा से लड़ती है,
धरती की किस्मत फूट रही।

आवर्त्तों का है विषम जाल,
निरुपाय बुद्धि चकराती है,
विज्ञान-यान पर चढ़ी हुई
सभ्यता डूबने जाती है।

जब-जब मस्तिष्क जयी होता,
संसार ज्ञान से जलता है,
शीतलता की है राह हृदय,
तू यह संवाद सुनाता चल।

[3]

सूरज है जग का बुझा-बुझा,
चन्द्रमा मलिन-सा लगता है,
सबकी कोशिश बेकार हुई,
आलोक न इनका जगता है।

इन मलिन ग्रहों के प्राणों में
कोई नवीन आभा भर दे,
जादूगर! अपने दर्पण पर
घिसकर इनको ताजा कर दे।

दीपक के जलते प्राण,
दिवाली तभी सुहावर होती है,
रौशनी जगत को देने को
अपनी अस्थियाँ जलाता चल।

[4]

क्या उन्हें देख विस्मित होना,
जो हैं अलमस्त बहारों में,

फूलों को जो हैं गूँथ रहे
सोने-चाँदी के तारों में।

मानवता का तू विप्र!
गन्ध-छाया का आदि पुजारी है,
वेदना-पुत्र! तू तो केवल
जलने भर का अधिकारी है।

ले बड़ी खुशी से उठा,
सरोवर में जो हँसता चाँद मिले,
दर्पण में रचकर फूल,
मगर, उसका भी मोल चुकाता चल।

[5]

काया की कितनी धूम-धाम?
दो रोज चमक बुझ जाती है;
छाया पीती पीयूष,
मृत्यु को ऊपर ध्वजा उड़ाती है।

लेने दे जग को उसे,
ताल पर जो कलहंस मचलता है,
तेरा मराल जल के दर्पण
में नीचे-नीचे चलता है।

कनकाभ धूल झर जाएगी,
ये रंग कभी उड़ जाएँगे,
सौरभ है केवल सार, उसे
तू सबके लिए जुगाता चल।

[6]

क्या अपनी उनसे होड़,
अमरता की जिनको पहचान नहीं,
छाया से परिचय नहीं,
गन्ध के जग का जिनको ज्ञान नहीं?

जो चतुर चाँद का रस निचोड़
प्यालों में ढाला करते हैं,
भट्ठियाँ चढ़ाकर फूलों से
जो इत्र निकाला करते हैं।

ये भी जागेंगे कभी, मगर,
आधी मनुष्यतावालों पर,
जैसे मुसकाता आया है,
वैसे अब भी मुसकाता चल।

[7]

सभ्यता-अंग पर क्षत कराल,
यह अर्ध मानवों का बल है,

हम रोकर भरते उसे,
हमारी आँखों में गंगाजल है।

शूली पर चढ़ा मसीहा को
वे फूले नहीं समाते हैं,
हम शव को जीवित करने को
छायापुर में ले जाते हैं।

भींगी चाँदनियों में जीता,
जो कठिन धूप में मरता है,
उजियाली से पीड़ित नर के
मन में गोधूलि बसाता चल।

[8]

यह देख नई लीला उनकी,
फिर उनने बड़ा कमाल किया,
गांधी के लोहू से सारे
भारत-सागर को लाल किया।

जी उठे राम, जी उठे कृष्ण,
भारत की मिट्टी रोती है,
क्या हुआ कि प्यारे गांधी की
यह लाश न जिन्दा होती है?

तलवार मारती जिन्हें,
बाँसुरी उन्हें नया जीवन देती,
जीवनी-शक्ति के अभिमानी!
यह भी कमाल दिखलाता चल।

[९]

धरती के भाग हरे होंगे,
भारती अमृत बरसाएगी,
दिन की कराल दाहकता पर
चाँदनी सुशीतल छाएगी।

ज्वालामुखियों के कंठों में
कलकंठी का आसन होगा,
जलदों से लदा गगन होगा,
फूलों में भरा भुवन होगा।

बेजान, यन्त्र-विरचित, गूँगी
मूर्तियाँ एक दिन बोलेंगी,
मुँह खोल-खोल सबके भीतर
शिल्पी! तू जीभ बिठाता चल।

[1951]